Dieses Buch gehört

_____

Eva Aichert / Sybille Brauer

Meine kleinen Zappelfinger

Fingerspiele und Kinderreime

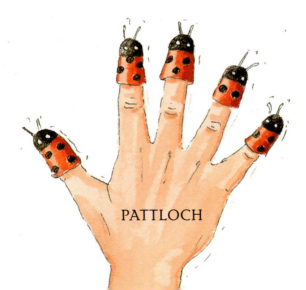

PATTLOCH

Der Daumen

(mündlich überliefert)

Das ist der Daumen.
Der schüttelt die Pflaumen.
Der liest sie auf.
Der trägt sie nach Haus.
Und der kleine Knilch
isst sie alle auf.

Bei jeder Zeile wird ein Finger nach dem anderen gezeigt.
In der letzten Zeile können sich alle gegenseitig kitzeln.

Katzen

(mündlich überliefert)

Katzen können Mäuse fangen,
haben Krallen, scharf wie Zangen,
kriechen durch die Bodenlöcher
und zuweilen auf die Dächer.

Mäuschen mit den Ringel-
schwänzchen
machen auf dem Dach ein
Tänzchen.
Leise, leise schleicht die Katz',
fängt die Maus mit einem Satz.

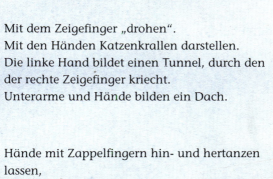

Mit dem Zeigefinger „drohen".
Mit den Händen Katzenkrallen darstellen.
Die linke Hand bildet einen Tunnel, durch den
der rechte Zeigefinger kriecht.
Unterarme und Hände bilden ein Dach.

Hände mit Zappelfingern hin- und hertanzen
lassen,
mit den Händen über den Tisch „schleichen",
bei „Satz" nach vorne springen wie eine Katze.

Schweinchen fett und Schweinchen dick

(mündlich überliefert)

Schweinchen fett und
Schweinchen dick
blieben heut allein zurück.
Hinterm Tore warten sie
auf ihr Futter. Satt sind sie.

Schweinchen fett und
Schweinchen dick
recken sich ein ganzes Stück
hinterm Tore in die Höh'.
„Noch kein Futter da? O weh!"

Beide Daumen werden als Schweinchen
hergezeigt. Die Hände liegen ineinander
und werden mit den Handkanten auf dem
Tisch aufgelegt.

Beide Daumen senkrecht
in die Höhe strecken
und dann
abwechselnd
nach vorne
neigen.

Schweinchen fett und
Schweinchen dick
ziehen traurig sich zurück.
Doch da öffnet sich das Tor
und sie stürzen schnell hervor.

Schweinchen fett und
Schweinchen dick,
welche Wonne, welch ein Glück!
Steht ein voller Trog, ha, ha,
mit dem saft'gen Futter da.

Schweinchen fett und
Schweinchen dick,
in dem nächsten Augenblick
stürzen nach dem Trog sie hin:
Plumps! Da liegen beide drin.

Die Daumen verschwinden
langsam hinter den Händen.
Die Hände öffnen sich.
Mit den Fäusten das Trampeln
der Schweine darstellen.

Die Fäuste trampeln weiter auf dem Tisch.
Mit beiden Händen einen länglichen Trog
bilden.

Die Daumen nach oben wegstrecken.

Bei „Plumps" landen beide Daumen in den
Handinnenflächen.

Der Brunnen

(mündlich überliefert)

Der ist in den Brunnen gefallen.
Der hat ihn wieder rausgeholt.
Der hat ihn nach Hause gebracht.
Der hat ihn zugedeckt.
Und der kleine Schlingel
hat ihn wieder aufgeweckt.

In jeder Zeile wird einer der Finger benannt.
In der letzten Zeile nimmt die rechte Hand den
linken Daumen und schüttelt ihn.

Die bösen Buben

(mündlich überliefert)

Guten Morgen, ihr beiden,
wie heißt ihr denn?
Ich heiße Hampel
und ich heiße Strampel.
Ich bin das Beinchen Übermut
und ich bin das Beinchen Tunichtgut.
Übermut und Tunicht
gehen auf die Reise
platsch durch alle Sümpfe
nass sind Schuh und Strümpfe
guckt die Mutter um die Eck,
laufen beide weg.

Beide Daumen in die Höhe halten und anschauen,
mit dem rechten Daumen wackeln,
mit dem linken Daumen wackeln,
das rechte Bein schütteln,
das linke Bein schütteln,
mit beiden Beinen abwechselnd auf den Boden stampfen,
fest aufstampfen,
beide Füße anschauen,
eine Hand als Schirm über die Augen legen,
die Hände auf dem Rücken verstecken.

Sonnenkäfer

(mündlich überliefert)

Erst kommt der Sonnenkäferpapa,
dann kommt die Sonnenkäfermama,
und hinterdrein, ganz klitzeklein,
die Sonnenkäferkinderlein.

Sie haben rote Röckchen an
mit kleinen schwarzen Pünktchen dran.
So machen sie den Sonntagsgang
auf uns'rer Gartenbank entlang.

Erst kommt der Sonnenkäferpapa,
dann kommt die Sonnenkäfermama,
und hinterdrein, ganz klitzeklein,
die Sonnenkäferkinderlein.

Zuerst werden die einzelnen Finger der rechten
Hand auf den Tisch gestupst.

Mit der linken Hand werden die Knöchel auf
dem Handrücken angetippt.
Die rechte Hand krabbelt über den Tisch.

Nun werden die einzelnen Finger der linken
Hand auf den Tisch gestupst.

Die Finger

(mündlich überliefert)

Das ist der Vater mit frohem Mut,
das ist die Mutter, lieb und gut,
das ist der Bruder, schlank und groß,
das ist die Schwester mit dem
Püppchen auf dem Schoß,
das ist das Kindlein, zart und fein,
das soll meine Familie sein!

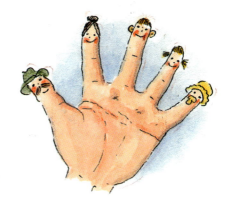

Daumen
Zeigefinger
Mittelfinger
Ringfinger
kleiner Finger

Auf jede Fingerkuppe wird ein kleines Gesicht
mit Filzstift gemalt.

Himpelchen und Pimpelchen

(mündlich überliefert)

Himpelchen und Pimpelchen
stiegen auf einen Berg.
Himpelchen war ein Wichtelmann
und Pimpelchen war ein Zwerg.

Sie blieben lange dort oben sitzen
und wackelten mit den Zipfelmützen.

Doch nach vielen, vielen Wochen
sind sie in den Berg gekrochen,
schlafen dort in sel'ger Ruh',
seid mal still und hört ihnen zu:
Chch – Chchch!

Daumen aus den Fäusten herausstrecken
und abwechselnd nach oben bewegen,
rechten Daumen vorzeigen,
linken Daumen vorzeigen.

Fäuste auf dem Kopf aneinanderlegen,
mit den Daumen wackeln.

Beide Daumen in den Fäusten verstecken.

Eine Wange auf die aneinander-
gelegten Hände legen,
schnarchen.

Zehn kleine Zappelmänner

(mündlich überliefert)

Zehn kleine Zappelmänner
zappeln hin und her.
Zehn kleinen Zappelmännern
fällt das gar nicht schwer.

Zehn kleine Zappelmänner
zappeln auf und nieder.
Zehn kleine Zappelmänner
tun das immer wieder.

Zehn kleine Zappelmänner
zappeln rundherum.
Zehn kleine Zappelmänner
finden das nicht dumm.

Zehn kleine Zappelmänner
spielten mal Versteck.
Zehn kleine Zappelmänner
sind auf einmal weg.

Die zehn Finger spielen die zehn Zappelmänner.
In der ersten Strophe werden die Arme mit den
zappelnden Fingern hin und her bewegt.
Beim zweiten Durchgang wandern die Arme
nach oben und unten.
In der dritten Strophe zeichnen die Zappelfinger
einen großen Kreis in die Luft.
Zum Abschluss werden die Hände zuerst zu
Fäusten, um dann hinter dem Rücken zu ver-
schwinden.

Geht ein Mann

(mündlich überliefert)

Geht ein Mann die Treppe rauf,
bleibt ein bisschen hocken.

Geht dann wieder weiter rauf,
klingelt an der Glocken.

Die Finger krabbeln den Arm des Kindes bis zur
Schulter hoch und ruhen sich dann aus.
Die Finger krabbeln bis zum Ohr.
Sie ziehen vorsichtig am Ohrläppchen.

In dem Walde

(mündlich überliefert)

In dem Walde steht ein Haus,
guckt ein Reh zum Fenster raus,
kommt ein Häschen angerannt,
klopfet an die Wand.

„Hilfe, Hilfe, große Not,
sonst schießt mich der Jäger tot."
„Armes Häschen komm herein,
kannst ganz ruhig sein."

Die Hände zum Dach aneinanderlegen,
eine Hand über die Augen legen.
Hände als Hasenohren an den Kopf legen,
auf den Tisch klopfen.

Hände bittend aneinanderlegen,
mit einem gedachten Gewehr schießen,
mit der Hand zu sich her winken,
Streichelbewegung machen.

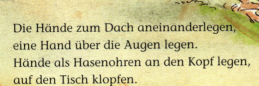

Beim Kaufmann

(Gabriele Roß)

Der Kaufmann steht im Laden
und fragt: „Was woll'n Sie haben?
Guten Tag, Herr Meier!
Brauchen sie heut Eier?
Guten Tag, Herr Lange!
Vom Weißbrot eine Stange?
Guten Tag, Herr Glück!
Vom Käse dort ein Stück?
Guten Tag, Herr Klein!
Was darf's für Sie heut sein?"

Der Daumen einer Hand ist der Kaufmann.
Er tippt Zeigefinger, Mittelfinger, Ringfinger und
kleinen Finger der gleichen Hand der Reihe
nach an. Der kleine Finger darf sich zum
Schluss selbst ausdenken, was er kaufen will.

Steigt ein Büblein

(mündlich überliefert)

Steigt ein Büblein auf den Baum,
steigt so hoch, man sieht es kaum.
Hüpft von Ast zu Ästchen,
guckt ins Vogelnestchen.
Ei, da lacht es!
Ei, da kracht es!
Plumps, da liegt es unten!

Ein Unterarm stellt zusammen mit den
gespreizten Fingern den Baum dar.
Zeige- und Mittelfinger krabbeln langsam den
Arm hinauf.
Sie hüpfen von Finger zu Finger.
Sie biegen den kleinen Finger vorsichtig um.
Bei „Plumps!" fallen sie auf den Tisch herunter.

Mein Häuschen

(mündlich überliefert)

Mein Häuschen ist nicht ganz gerade,
ist das aber schade!

Mein Häuschen ist ein bisschen krumm,
ist das aber dumm!

Huh, bläst da der Wind herein,
bautz, fällt das ganze Häuschen ein!

Eins, zwei, drei, schaut nur, schaut!
Jetzt ist es wieder aufgebaut!

Ellenbogen aufstützen und mit Unterarmen und Händen ein Dach bilden.

Hände so verdrehen, dass ein krummes Dach entsteht.

Gegen die Arme blasen, Arme herunterfallen lassen.

Wieder ein neues Dach aus Armen und Händen bilden.

Das Fähnchen

(Friedrich Fröbel)

Wie das Fähnchen auf dem Turme
sich kann drehn bei Wind und
Sturme,
so soll sich mein Händchen drehn,
Händchen drehn,
dass es eine Lust ist anzusehn.

Die Ellenbogen aufstützen und
die Hände spiegelbildlich
hin- und herdrehen.
Die Bewegung wird
immer schneller
bis die Strophe
zu Ende ist.

Der kleine Mann

(mündlich überliefert)

Kommt ein kleiner Mann daher,
kommt zum Pflaumenbäumchen.

Schaut hinauf
und freut sich sehr,
sieht die vielen Pfläumchen.

Und er schüttelt
schwapp, schwapp, schwapp
fallen alle Pfläumchen ab.
Männchen liest sie in den Sack,
trägt nach Haus sie huckepack.

Zeige- und Mittelfinger der linken Hand
wandern über den Tisch.
Der rechte Unterarm wird als Baum aufgestellt.
Die linke Hand bleibt bei der rechten stehen.
Die linke Hand schüttelt den rechten Arm hin
und her.
Die Finger der rechten Hand klopfen einzeln auf
den Tisch.
Die rechte Hand bildet den Sack. Die linke Hand
sammelt die „Pfläumchen" ein.
Das Tragen des Sackes imitieren.

Der Kasperle kommt

(mündlich überliefert)

Sssssst! Der Vorhang geht auf!
Guten Morgen meine Damen
guten Morgen meine Herrn!
Habt ihr alle den Kasperle gern?
Ich tanze lustig hin und her
und rufe mir den Seppel her.
Seppel! Seppel!
Wir schlagen und vertragen uns
und machen lustige Streiche.
Nun ruf ich mir die Hexe her.
Hexe! Hexe!
Ich bin die Hexe Hinkebein,
der Kasperl soll verzaubert sein.
Nein, Hexe, da wird nichts d'raus,
marsch ab mit dir ins Hexenhaus.

Beide Hände öffnen den Vorhang.
Der rechte Zeigefinger begrüßt die Zuschauer
nach allen Seiten.

Der Zeigefinger tanzt in der Luft und hält
Ausschau.
Der linke Zeigefinger kommt dazu.
Beide Finger aneinanderklopfen, der linke
Finger verschwindet wieder,
der rechte Finger hält Ausschau.

Der linke Zeigefinger wackelt vor der rechten
Hand hin und her.
Mit der rechten Hand abwinken,
mit dem Finger in die Ferne zeigen.

Da kommt das große Krokodil,
mit großem Maule frisst es viel,
es kommt von hinten angeduckt
und schwupp – hat es den Kasperl
verschluckt.
Der ruckt und zuckt und eiderdaus,
ist er wieder raus.
Nein, Krokodil, das war zuviel,
marsch, marsch, hinunter in den Nil.

Da ruf ich mir das Gretelein.
Gretel! Gretel!
Wir beide wollen lustig sein.
Wir tanzen lustig trallala
und sind auf einmal nicht mehr da.
Ssssst! Der Vorhang geht zu!

Die linke Hand kommt als Maul, das auf- und
zuklappt hinter dem Rücken hervor.

Die linke Hand schnappt den rechten
Zeigefinger, der zappelt und befreit sich wieder.

Mit dem Finger drohen,
mit dem Finger wegzeigen, Hand verschwindet
hinter dem Rücken.
Mit dem Finger Ausschau halten.
Der linke Zeigefinger taucht auf.

Beide Zeigefinger tanzen miteinander und
verschwinden so unter dem Tisch.
Beide Hände schließen den Vorhang.

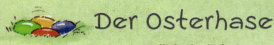

Der Osterhase

(mündlich überliefert)

Fünf Männlein sind in den Wald gegangen,
die wollten den Osterhasen fangen.
Der erste, der war so dick
wie ein Fass,
der brummte immer:
„Wo ist der Has?"
Der zweite rief: „Sieh da, sieh da!
Da ist er ja, da ist er ja!"
Der dritte war der allerlängste,
doch leider auch der allerbängste,
der fing gleich an zu weinen:
„Ich sehe aber keinen!"
Der vierte sagte: „Das
ist mir zu dumm,

ich mach nicht mehr mit, ich kehr wieder um!"
Der Kleinste aber, wer hätt' das gedacht,
der hat den Hasen nach Haus gebracht!
Da haben alle Leute gelacht:
Ha, ha, ha, ha, ha!

Die rechte Hand zeigt alle Daumen der Reihe nach an.
Die linke Hand begleitet die Geschichte mit Gesten, z.B. zwei Finger gehen lassen, auf den gedachten Hasen zeigen oder sich die Augen zuhalten.

Fünf Brüder

(mündlich überliefert)

Fünf Brüder gehen durch den Wald,
der Weg ist hart, die Luft ist kalt.
Der erste sagt: „Oh, Bruder schau!
Die Wolken hängen schwer und grau!"

Der zweite sieht hinauf zur Höh':
„Ich glaube", sagt er, „es gibt Schnee."
Der dritte schaut und ruft sodann:
„Es fängt ja schon zu schneien an."
Der vierte hält die Hände auf
und da fällt weicher Schnee darauf.
Der fünfte ruft: „Ich lauf nach Haus
und hole unsern Schlitten raus.
Nun setzt euch d'rauf ihr lieben Brüder
und saust mit mir den Berg hernieder!"

Ein Finger nach dem anderen wird aufgezeigt.
Die andere Hand begleitet den Text mit Gesten.
in der vorletzten Zeile setzt sich die eine auf die
andere Hand hinauf. In der letzten Zeile sausen
beide einen gedachten Schlittenberg hinab.

Der Tannenbaum

(Eva Aichert)

Es war einmal ein Tannenbaum
der war so klein, man sah ihn kaum.
Da kam der Oberförster Knapp
und sägte ihn ganz einfach ab.

Er steckte ihn in einen Sack
und nahm den Sack dann huckepack.
Der Sack lag auf dem Rücken
und fing dort an zu drücken.
D'rum drehte er den Sack herum.
Bald ging er nur noch halb so krumm.
Zuhause staunte er dann sehr!

Der Baum war weg – der Sack war leer.

Der rechte Unterarm ist der Baum.
Die linke Hand als Schirm über die
Augen halten.
Zwei Finger der linken Hand laufen,
der linke Zeigefinger reibt am Handgelenk.
Die linke Hand dreht die rechte Hand um.
Die rechte Hand liegt auf der linken.
Die linke Hand geht über den Tisch,
sie wird immer langsamer.
Die rechte Hand wird umgedreht,
rechte Hand bleibt liegen.
Die linke Hand dreht sich nach
allen Seiten.
Mit den Schultern zucken.

Die meisten Fingerspiele in diesem Buch wurden mündlich
überliefert. Sollten trotz Recherchen Urheberrechte verletzt
worden sein, bitten wir die Rechteinhaber, sich direkt mit dem
Verlag in Verbindung zu setzen.

Die Deutsche Bibliothek – CIP-Einheitsaufnahme

Meine kleinen Zappelfinger: Fingerspiele und
Kinderreime / hrsg. von Eva Aichert und Ill. von
Sybille Brauer. – Augsburg : Pattloch 1998
ISBN 3-629-00334-6

Es ist nicht gestattet, Abbildungen dieses Buches zu scannen,
in PCs oder auf CDs zu speichern oder in PCs/Computern
zu verändern oder einzeln oder zusammen mit anderen
Bildvorlagen zu manipulieren, es sei denn mit schriftlicher
Genehmigung des Verlages.

Gedruckt auf chlorfrei gebleichtem Papier.

Pattloch Verlag, Augsburg
©1998 Weltbild Verlag GmbH
Gesetzt aus Stone Informal von
Ruth Bost, Pattloch Verlag, Augsburg
Reproduktion: Fotolito Longo, I-Frangart
Druck und Bindung: Appl, Wemding
Printed in Germany

ISBN 3-629-00334-6